NOUVEL ALPHABET

DE L'ENFANCE

Orné de Gravures et suivi de l'Histoire

DE

GENDRILLON

METZ
IMPRIMERIE DE CH. THOMAS
1, RUE JURUE, 1.

A B C D E
F G H I J
K L M N O
P Q R S T
U V X Y Z
É È Ê W Ç
1 2 3 4 5 6 7 8 9 0

MINUSCULES.

a b c d e f g h i
j k l m n o p q r
s t u v x y z w ç

MINUSCULES ITALIQUES.

a b c d e f g h i
j k l m n o p q
r s t u v x y z

VOYELLES.

a e i o u y

CONSONNES.

b c d f g h j k l m
n p q r s t v x z

SYLLABES.

ba	be	bi	bo	bu
ca	ce	ci	co	cu
da	de	di	do	du
fa	fe	fi	fo	fu
pha	phe	phi	pho	phu
ga	ge	gi	go	gu
ha	he	hi	ho	hu
ja	je	ji	jo	ju
ka	ke	ki	ko	ku
la	le	li	lo	lu

SYLLABES (Suite).

ma	me	mi	mo	mu
na	ne	ni	no	nu
pa	pe	pi	po	pu
qua	que	qui	quo	quu
ra	re	ri	ro	ru
sa	se	si	so	su
ta	te	ti	to	tu
va	ve	vi	vo	vu
xa	xe	xi	xo	xu
za	ze	zi	zo	zu

MOTS DE DEUX SYLLABES.

En fant, Tê tu, Che val,
Boî teux, Ca non, Do do,
Du vet, Lu tin, Ma man,
Pa pa, Tam bour, A mi,
Mar teau, Cha peau, I ci,
Rai sin, Gâ teau, Pi lon,
Ba teau, Ai rain, Ri val,
Tra vail, Dra gée, Fa got,
Pou pée, Lu tin, Na tion,
Ca deau, Va leur, Ob jet,
In grat, Lun di, Ai mant,
Ran çon, Ma jor, Zè bre,
Re gain, Mai son, Mar di.

MOTS DE TROIS SYLLABES.

Im mor tel, Ma ré chal,
Par ti san, Non cha lant,
Ran cu nier, Cha pe ron,
Tes ta ment, Cor bil lard,
Ven dre di, Quar te ron,
Mi ne rai, En chan teur,
Ma te lot, Phar ma cien,
Dé ses poir, Lé ga tion,
Va po reux, Lu nai son,
Ma la droit, Fi nan cier,
Mer cre di, Con ti nent,
Sou ve nir, Tom bo la,
Cha pe let, Im par fait.

DIVISION DU TEMPS.

Un siècle se compose de cent années.

L'année ordinaire est de 365 jours, et de 366 jours tous les 4 ans. Cette année se nomme bissextile et le mois de février a 29 jours.

Il y a douze mois dans l'année, ce sont : Janvier, Février, Mars, Avril, Mai, Juin, Juillet, Août, Septembre, Octobre, Novembre, Décembre.

Les mois se divisent ordinairement en quatre semaines, la semaine en sept jours, qui sont : Lundi, Mardi, Mercredi, Jeudi,

DIVISION DU TEMPS.

Vendredi, Samedi, Dimanche.

Le jour est composé de 24 heures; l'heure est de 60 minutes, la minute de 60 secondes.

Il y a quatre saisons dans l'année : le Printemps, l'Été, l'Automne et l'Hiver.

Les jours diminuent depuis le commencement de l'Été jusqu'à la fin de l'Automne, et ils augmentent depuis le commencement de l'Hiver jusqu'à la fin du Printemps.

HISTOIRE DE CENDRILLON.

Il y a bien longtemps, une jeune fille, que ses parents n'aimaient pas, était mise simplement et, chargée de la cuisine, se trouvait reléguée au coin du feu ; de là lui est venu le nom de Cendrillon.

Les sœurs de Cendrillon, invitées au bal de la cour, s'occupent de leur toilette et se font coiffer, ne se préoccupant pas de la peine qu'elles occasionnaient à la pauvre jeune fille.

Cendrillon, affectée de ce délaissement, s'en vint trouver la fée sa marraine et lui raconta son chagrin; la bonne fée fit de son mieux pour la consoler et lui promit de l'introduire au bal.

La bonne fée donna l'ordre à Cendrillon d'aller au jardin, de cueillir une grosse citrouille et de la lui apporter. Cendrillon s'empressa d'obéir et peu de temps après, revint avec un énorme fruit.

Munie de sa baguette magique et profitant de la circonstance pour montrer son pouvoir à Cendrillon, la fée transforma la citrouille en un superbe carosse tout doré et d'une grande légèreté.

Cendrillon, à la vue de ce carosse, va chercher, toujours d'après l'ordre de sa marraine, une souricière dans laquelle se trouvaient six belles souris qui s'étaient fait prendre dans la nuit.

Etant en possession des souris et les ayant examinées attentivement, la fée les changea en six magnifiques chevaux blancs d'un très-grand prix et d'une vigueur extraordinaire.

Cendrillon, de plus en plus émerveillée, va chercher une ratière dans laquelle se trouvent deux gros rats ; elle s'empresse de les apporter à sa marraine, intriguée de ce qu'elle allait en faire.

A l'instant même, la fée ayant fait sortir les rats, elle les transforma en deux gros cochers d'une tenue irréprochable et dont le costume sortait de la plus grande maison de confection de l'époque.

Afin de compléter l'équipage, la fée se fit apporter six lézards qu'elle changea en laquais tout chamarés d'or et qui devaient donner une haute opinion de la personne qui les avaient à son service.

Cendrillon, habillée en princesse, se disposait à partir pour le bal, lorsque sa marraine lui donna ses instructions et lui recommanda de ne pas rester trop tard et de rentrer pour minuit.

A son entrée au bal, Cendrillon fit l'admiration de tout le monde; le fils du roi qui remarqua la grâce et la jeunesse de la jeune fille, s'empressa de l'inviter et ne se lassa de danser avec elle.

Ayant entendu sonner minuit et se rappelant la recommandation de la fée, Cendrillon quitta le bal, mais dans sa précipitation elle perdit une de ses jolies petites pantoufles.

Le fils du roi se mit à la recherche de Cendrillon, et apercevant la pantoufle, il resta longtemps en admiration, disposé à épouser la personne qui pourra chausser un objet aussi mignon,

Toutes les dames de la cour essayèrent de mettre la pantoufle, mais toutes leurs tentatives furent vaines, et grande fut leur déception quand elles apprirent qu'il ne se trouvait que Cendrillon pour la chausser.

Le fils du roi épousa Cendrillon, celle-ci, toujours bonne et ne songeant qu'à faire le bien, pardonna à ses sœurs et les fit loger dans son palais.

FIN.

PRIÈRES DE L'ENFANCE

ACTE D'ADORATION.

Mon Dieu, je vous adore et je vous reconnais pour mon Créateur et mon souverain Seigneur.

ACTE DE FOI.

Mon Dieu, je crois fermement tout ce que vous m'avez révélé et que votre Eglise me propose de croire. Je le crois, ô mon Dieu, parce que vous êtes la vérité même, et que vous ne pouvez pas vous tromper ni nous tromper.

ACTE D'ESPÉRANCE.

Mon Dieu, j'espère, à cause de vos promesses et des mérites infinis de Jésus-Christ, que vous me donnerez la vie éternelle et les grâces pour y arriver.

ACTE D'AMOUR.

Mon Dieu, je vous aime de tout mon cœur et plus que toutes choses, parce que vous êtes infiniment bon. Faites que je vous aime de plus en plus et pendant toute l'éternité.

PRIÈRE A L'ANGE GARDIEN.

Ange de Dieu, à qui je suis donné en garde par l'ordre de la divine providence, éclairez-moi, gouvernez-moi, conservez-moi aujourd'hui et pendant toute ma vie.

NOTRE PÈRE.

Notre Père, qui êtes aux cieux, que votre nom soit sanctifié! Que votre règne arrive! Que votre volonté soit faite sur la terre comme au ciel! Donnez-nous aujourd'hui notre pain de chaque jour; Pardonnez-nous nos offenses, comme nous pardonnons à ceux qui nous ont offensés; Et ne nous laissez pas succomber à la tentation; Mais délivez-nous du mal.

Ainsi soit-il.

SALUTATION ANGÉLIQUE.

Je vous salue, Marie, pleine de grâce, le Seigneur est avec vous; vous êtes bénie entre toutes les femmes, et Jésus, le fruit de vos entrailles, est béni.

Sainte Marie, mère de Dieu, priez pour nous, pauvres pécheurs, maintenant et à l'heure de notre mort. Ainsi soit-il.

9. L'œuvre de chair, tu n'envieras,
   Qu'en mariage seulement.
10. Biens d'autrui ne convoiteras,
    Pour les avoir injustement.

COMMANDEMENTS DE L'ÉGLISE.

1. Les dimanches messe ouïras,
   Et les fêtes pareillement.
2. Les fêtes tu sanctifieras
   Qui te sont de commandément.
3. Tous tes péchés confesseras
   A tout le moins une fois l'an.
4. Ton Créateur tu recevras
   Au moins à Pâques humblement.
5. Quatre-temps, Vigiles jeûneras.
   Et le Carême entièrement.
6. Vendredi chair ne mangeras,
   Ni le Samedi mêmement.

PRIÈRE A LA SAINTE VIERGE

Souvenez-vous, ô très-pieuse vierge Marie, que l'on n'a jamais ouï dire qu'aucun de ceux qui ont eu recours à votre protection, imploré votre secours et demandé vos suffrages, ait été abandonné. Animé d'une pareille confiance, ô Vierge mère des vierges, je cours et viens à vous, et gémissant sous le poids de mes péchés, je me prosterne à vos pieds ; ô mère du Verbe, ne méprisez pas mes prières, mais écoutez-les favorablement et daignez les exaucer.

Ainsi soit-il.

LITANIES DE LA SAINTE FAMILLE

Seigneur, ayez pitié de nous.
Jésus-Christ, ayez pitié de nous.
Seigneur, ayez pitié de nous.
Jésus-Christ, écoutez-nous.
Jésus-Christ, exaucez-nous.
Père céleste, qui êtes Dieu, ayez pitié de nous.
Fils Rédempteur du monde, qui êtes Dieu, ayez pitié de nous.
Saint-Esprit, qui êtes Dieu, ayez pitié de nous.
Sainte Trinité qui êtes un seul Dieu,

9. L'œuvre de chair, tu n'envieras,
   Qu'en mariage seulement.
10. Biens d'autrui ne convoiteras,
    Pour les avoir injustement.

COMMANDEMENTS DE L'ÉGLISE.

1. Les dimanches messe ouïras,
   Et les fêtes pareillement.
2. Les fêtes tu sanctifieras
   Qui te sont de commandement.
3. Tous tes péchés confesseras
   A tout le moins une fois l'an.
4. Ton Créateur tu recevras
   Au moins à Pâques humblement.
5. Quatre-temps, Vigiles jeûneras.
   Et le Carême entièrement.
6. Vendredi chair ne mangeras,
   Ni le Samedi mêmement.

PRIÈRE A LA SAINTE VIERGE

Souvenez-vous, ô très-pieuse vierge Marie, que l'on n'a jamais ouï dire qu'aucun de ceux qui ont eu recours à votre protection, imploré votre secours et demandé vos suffrages, ait été abandonné. Animé d'une pareille confiance, ô Vierge mère des vierges, je cours et viens à vous, et gémissant sous le poids de mes péchés, je me prosterne à vos pieds; ô mère du Verbe, ne méprisez pas mes prières, mais écoutez-les favorablement et daignez les exaucer.

Ainsi soit-il.

LITANIES DE LA SAINTE FAMILLE

Seigneur, ayez pitié de nous.
Jésus-Christ, ayez pitié de nous.
Seigneur, ayez pitié de nous.
Jésus-Christ, écoutez-nous.
Jésus-Christ, exaucez-nous.
Père céleste, qui êtes Dieu, ayez pitié de nous.
Fils Rédempteur du monde, qui êtes Dieu, ayez pitié de nous.
Saint-Esprit, qui êtes Dieu, ayez pitié de nous.
Sainte Trinité qui êtes un seul Dieu,

Jésus, Marie, Joseph, ayez pitié de nous.

J. M. J., dignes objets de notre culte et de notre amour, nous avons tous recours à vous.

J. M. J., que la langue de tous les siècles appelle la Sainte Famille,

J. M. J., noms à jamais bénis, du Père, de la Mère, et de l'Enfant qui composent la sainte Famille,

J. M. J., nouvel époux, nouvelle épouse, nouvel enfant, qui êtes les restaurateurs de la famille dégradée avant le christianisme,

J. M. J., image de l'auguste Trinité sur la terre,

Sainte Famille, dont la chaste alliance fut préparée par une jeunesse innocente et vertueuse,

Sainte Famille, éprouvée par les plus grandes contradictions,

Sainte Famille, affligée dans votre voyage à Bethléem,

Sainte Famille, rebutée de tous et obligée de vous réfugier dans une étable,

Sainte Famille, saluée par les concerts des Anges,

Sainte Famille, visitée par de pauvres bergers,

Sainte Famille, vénérée par les Rois Mages,

Sainte Famille, préconisée par le saint vieillard Siméon,

Sainte Famille, persécutée et exilée sur une terre étrangère,

Sainte Famille, cachée et inconnue à Nazareth,

Nous avons tous recours à vous.

Sainte Famille, très-fidèle à la loi du Seigneur,
Sainte Famille, modèle de la famille chrétienne,
Sainte Famille, où règnent la paix et la concorde,
Sainte Famille, dont le Chef est un modèle de vigilance paternelle,
Sainte Famille, dont l'épouse est un modèle de sollicitude maternelle,
Sainte Famille, dont l'Enfant est un modèle d'obéissance et de piété filiale,
Sainte Famille, qui avez mené une vie pauvre, laborieuse et pénitente,
Sainte Famille, qui avez gagné votre pain à la sueur de votre front,
Sainte Famille, pauvre des biens de la terre, mais riche des biens du ciel,
Sainte Famille, méprisée des hommes, mais grande aux yeux de Dieu,
Sainte Famille, notre soutien pendant la vie, et notre espérance à l'heure de la mort,
Sainte Famille, Patronne et Protectrice de notre enfance,
Jésus, Marie, Joseph,
Agneau de Dieu, qui effacez les péchés du monde, pardonnez-nous, Seigneur.
Agneau de Dieu, qui effacez les péchés du monde, exaucez-nous, Seigneur.
Agneau de Dieu, qui effacez les péchés du monde, ayez pitié de nous, Seigneur.
Jésus, écoutez-nous.
Jésus, exaucez-nous.

Nous avons tous recours à vous.

ORAISON

Dieu de bonté et de miséricorde, qui avez daigné nous appeler à cette pieuse Association de la Sainte Famille, accordez-nous la grâce d'honorer toujours et d'imiter Jésus, Marie, Joseph, afin qu'après leur avoir été agréables sur la terre, nous puissions jouir de leur présence dans le ciel. Par Jésus-Christ, Notre-Seigneur. Ainsi soit-il.

Metz, imp. de Ch. Thomas, rue Jurue, 1.

www.ingramcontent.com/pod-product-compliance
Lightning Source LLC
Chambersburg PA
CBHW060902050426
42453CB00010B/1534